Bíonn Carló ag Léamh

Jessica Spanyol

G AN GÚM
Baile Átha Cliath

Crogall

Seilide

Eilifint

Bíonn Carló ag léamh sa seomra leapa.

Bíonn Carló ag léamh sa chistin.

bainne
bia cat
uibheacha
bananaí

Bíonn Carló
ag léamh sa
seomra folctha.

Bíonn Carló ag léamh lena Dhaid.

Bíonn Carló ag léamh lena Mham.

Bíonn Carló ag léamh don chat.

Bíonn Carló
ag léamh lena chara.

Bíonn Carló
ag léamh
don bhabaí.

Ar Oscailt

Praghasliosta

pióg   85 c

toirtín   23 c

arán   47 c

Bíonn Carló
ag léamh
do na lachain.

Bíonn Carló ag léamh ar an margadh.

Tá dúil mhór ag Carló sa léitheoireacht.

Is breá leis rith
ar cosa in airde
freisin.